LECTURAS EN ESPAÑOL FÁCIL

GW01417942

El premio

Joaquín Díaz-Corralejo Conde

en CLAVE ELE

Directora Editorial: Raquel Varela

Edición: Brigitte Faucard
Ilustraciones: Fernando Dagnino
Diseño: Grupo Adrizar
Maquetación: Grupo Adrizar

© enCLAVE–ELE | CLE International, 2006.
ISBN: 2-09-034127-0

Nº de editor: 10 130 038
Impreso en España por Mateu Cromo
Printed in Spain by Mateu Cromo
Depósito legal: Julio 2006

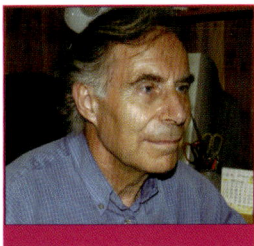

Biografía del autor

Joaquín Díaz-Corralejo Conde es actualmente catedrático del departamento de Didáctica de la Lengua y la Literatura de la Universidad Complutense de Madrid. Ha trabajado en numerosas obras didácticas y literarias traducidas a varias lenguas. Lector impenitente desde niño, su fantasía se ha visto matizada por su trabajo como profesor con niños, con adolescentes y con adultos en las diferentes etapas de su vida profesional. Le gusta contar cuentos, y que se los cuenten, como preludio obligado a un historia real o ficticia sus hijos, le llevaban un vaso de agua. Eso le ha animado a dirigirse a otros lectores, no solo a los jóvenes lectores que aprenden español, sino también a los profesores que les van a formar.

El Premio sigue las peripecias de dos adolescentes descubriendo los misterios de un grupo de pop-rock. Crítica de las obras de acción y violencia, desde la sencillez, demuestra que la realidad cotidiana es la que más nos enseña y enriquece.

Biografía del ilustrador

Fernando Dagnino Guerra, Chamberí 1973, ha realizado en estos diez años de envilecimiento laboral incursiones en distintos terrenos del arte gráfico como son: **el diseño gráfico**, **diseño "web"**, **los Vídeo-Juegos**, **la ilustración infantil y juvenil**, **la publicidad** y sobre todo el **cómic.**

En 1997 trabajó para **Disney**, en Los Angeles, en la confección de una atracción para **Disneyland**. Trabajar en semejante mancebía multinacional allende los mares fue una experiencia altamente formativa de la que no se pudo beneficiar sin evitar que le dejara un fuerte trauma.

Fruto del cual comenzó en 1998 la publicación de su serie de comics **"Tales of the Black Spain"** para la Factoría de Ideas. A la que siguieron "**Tales of Black Smile**" (1999) y "**Tales of the Black Love**" (2000)

Tras un paródico deambular de empresa en empresa en plena eclosión de ese oportunismo tecnológico-bursátil que se vino a llamar "la burbuja de las punto-com" se vio obligado a enfundarse las medias de rejilla de la necesidad hasta que por fin se estableció como Freelance en el 2000.

En este *statu quo* acometió numerosos trabajos como la obtención para **McCann Erickson** del concurso del Euro-cupón de la **ONCE**. Y otras campañas para agencias como **Tiempo BBDO** o **Bassat Ogilvy** e.g: **Coca-Cola**, **Paginas amarillas**, **Port Aventura,** etc.

Aterrorizado por el alienante vacío interior que le producía el hecho de ganar lo que el humilmente consideraba grandes cantidades de dinero a cambio de dibujar rápido y/o mal, decidió poner rumbo a **Barcelona** donde ha continuado realizando trabajos de ilustrador y dibujante de comics.

En la actualidad, Fernando sospecha que su errante y repetitiva rabia puede ser fruto de un trastorno obsesivo compulsivo del tipo "Pure O"; sin que esto suponga una interferencia en su actividad profesional. De este modo compagina sus horas de rumiación mental con la consecución de un comic para la editorial francesa **Soleil** de próxima aparición en el siempre país vecino.

¡Qué suerte! Capítulo 1

Damián, un adolescente, con los ojos negros, sensible y tímido, alto para su edad, los cabellos muy cortos en cepillo, acababa de volver del instituto y de revisar el correo, cuando encontró una carta para él. ¡¡¡Era **la carta**!!! No podía creer en su suerte. Él, el alumno más insignificante de 4º B. El que iba a rabiar, era Pedro, apodado "la masa" porque era muy gordo. Iba a enfadarse y a chillar*, cuando le contase su increíble suerte. Pero, el azar es caprichoso, y era él, Damián, un chico que había vivido hasta entonces una vida sin historia, el que había ganado el premio gordo, el premio especial: participar durante dos días en todas las actividades del grupo musical más fabuloso, más conocido, el que había ganado diez discos platino, el que estaba en todos los canales de televisión, en los anuncios, pegado en todas las paredes, pintado en todas las camisetas, en todos los archivadores* de todos los jóvenes del país, los maravillosos ¡*Midnight Boys*!

Todos los chicos y las chicas de su edad querrían estar en su lugar. Posiblemente hasta la hija de la vecina, Susana, que le hacía latir locamente* el corazón cada vez que se cruzaban en la escalera. Y si le traía una foto dedicada por el grupo, la invitaría al cine para estar juntos y a solas. ¡Qué tonto era! Valía más dejarse de sueños, Susana estaba demasiado bien para ese tipo de juegos.

1. **Contesta las preguntas.**

a. ¿Por qué Damián es feliz?

_____

b. ¿Quiénes son los *Midnight Boys*?

_____

2. **Describe a Damián.**

a. ¿Cómo es?

– Su físico:

_____

– Su carácter:

_____

b. ¿Por quién se interesa?

_____

2 Capítulo El día D

Para sorpresa, por la noche, la de su madre a la vuelta del trabajo.
Durante más de dos horas, su madre buscó impedimentos*. Que no conocía allí a nadie, que era demasiado joven, que era peligroso. Afortunadamente, su padre y su hermana hablaron en su favor.

—Elena, por favor, deja a tu hijo hacer lo que quiere. Ganar un concurso es verdaderamente importante. Además, estos artistas están muy protegidos por guardaespaldas*. Y, ¿sabes?, no creo que haya riesgo alguno.

—¿Mamá, no te das cuenta? ¡Sueño con este premio desde hace tiempo, y, por otra parte, son sólo dos días!

—Y puedo acompañarlo e iremos a buscarlo al final. Así, ¡no habrá ningún peligro! ¿¿no??

Por fin, su madre, más o menos convencida, estuvo de acuerdo.

Hoy, es el día D. Damián se pone sus mejores zapatillas. Unos vaqueros nuevos y una camiseta donde se adivina la imagen descolorida de los *Midnight Boys*, y, a las nueve en punto, deja su casa para ir al Hotel Paraíso, donde se aloja el grupo.

Inquieto, sentado al lado de su padre en el coche, piensa en lo poco que se preocupó de estudiar a fondo el inglés que necesita ahora para charlar con los músicos y comentar con ellos las diversas actividades. ¡Y al día siguiente todo empezará de nuevo!

El trayecto le parece interminable. Las calles y las avenidas del centro están bloqueadas por ser hora punta*. Su padre le dice que tienen media hora de adelanto, que van a llegar a tiempo y que ya están al lado del hotel. Pero, las ideas se mezclan en su cabeza en desorden y tiene miedo.

De repente, ya están delante de la puerta del hotel. El corazón de Damián late locamente. Tiene la impresión de que todo el mundo lo mira. El sudor humedece sus manos, su frente y se siente enfermo. Afortunadamente, un suceso incongruente* lo tranquiliza: un hombre, con la cara colorada, con una chaqueta roja muy larga con botones dorados, y con un sombrero de copa, abre la puerta del coche y le da la bienvenida muy solemnemente.

"¡Parece un general de los que vemos en las películas históricas, piensa, qué locura!" Y trata de sonreír amablemente y dice "hasta la vista" a su padre que sonríe también con ojos chispeantes* de felicidad y de simpatía.

Entra y se dirige al mostrador de información, donde se presenta. Espera un momento y ve que unas personas se adelantan hacia él a través del vestíbulo inmenso.

Un hombre elegantemente vestido, que lleva gafas de sol, a pesar del día más bien nublado, saluda a Damián en español incomprensible. Éste responde educadamente:

—*Good morning* !

Una carcajada de un grupo que cruza en ese momento el vestíbulo hacia los ascensores le deja un poco desconcertado*. El hombre se presenta como el gerente del grupo, el famoso Gerardo Bolton, "Capitán Bolton".

Junto a él, una joven, con uniforme de azafata, saluda a Damián y le explica que es la intérprete. Delante está una jovencita morena de la misma edad que él, alta y esbelta, que le tiende la mano francamente* diciéndole:

—Me llamo Carmen, soy la otra ganadora del concurso.

—¡Es verdad, hola Carmen! Había olvidado que había dos ganadores.

Le estrecha la mano y escuchan a la intérprete:

—Vale más que seamos amigos, porque vamos a estar juntos durante estos dos días. Me llamo Margarita, pero, prefiero que me llaméis Marga.

—De acuerdo Marga —exclaman ambos jóvenes a la vez.

Se miran y se echan a reír.

—Muy bien, Carmen y Damián. Venga, el grupo está esperando, tienen muchas ganas de conoceros, quieren que seáis sus guías en Madrid.

—Pero, yo, yo... —dice Damián.

—¿Qué lugares quieren visitar? —pregunta Carmen.

—¡No os preocupéis! El programa es típico. En realidad, no nos bajaremos del coche. Comenzamos por el museo del Prado, no olvidéis que es la primera pinacoteca del mundo. Luego, el museo Thyssen-Bornemisza[1] que está enfrente, y el museo de arte moderno "Reina Sofía"[2] que está cerca, y, más tarde, ya veremos, podemos improvisar, el museo Sorolla[3], el museo Romántico[4], un tablao flamenco[5].

Mientras, han llegado a los ascensores. Ambos jóvenes están fascinados por el lujo y la belleza arquitectónica del hotel. Admiran un gran salón redondo con columnatas, cuya cúpula es en parte transparente, en parte adornada con frescos*. Suben al segundo piso, salen del ascensor y recorren un pasillo hasta el salón donde son esperados. Damián mira a Carmen y siente un

1. Museo de pintura con exposición de los fondos del Barón Von Thyssen-Bornemisza.
2. Museo de arte moderno de Madrid.
3. Pequeño museo con la obra del pintor Joaquín Sorolla.
4. Museo de la época del Romanticismo español.
5. Lugar de espectáculos de cante y baile flamenco.

nudo en el estómago*, va a conocer a sus ídolos; la jovencita le sonríe y sigue a Margarita que abre la puerta. Las cosas se precipitan.

—*Come in! Nice to you!*

El chico no puede creer sus ojos, tiene delante de él a Mike Flunch en persona.

—Igualmente, Mike.

—*He says, me too* —repite la intérprete.

Carmen sorprendida no puede añadir nada. El representante toma a Mike de un brazo y le lleva hacia una gran puerta hablando muy rápidamente.

Marga les explica que está dándole los últimos consejos antes de la sesión de fotos y de preguntas delante de los periodistas. Y añade:

—Ya sabéis que la promoción es muy importante para tener éxito.

El manager los llama desde la puerta. Marga traduce, pero esta vez, Damián ha comprendido y, además, Carmen le susurra la traducción.

—¡Venga, por favor, vamos a encontrarnos con el resto del grupo!

Entran en un gran salón magníficamente decorado; delante de una mesa cubierta de flores, se encuentran los dos otros miembros del grupo: John y Redtip.

—¡Estamos muy contentos de veros a ambos aquí! Os esperábamos con impaciencia.

—Muchas gracias, me llamo Carmen y me parece increíble estar aquí.

—Gracias también —dice Damián—, yo, tengo la impresión de estar soñando.

—¡Pues es verdad! ¡Ganasteis el concurso! Parecéis inteligentes y tú, Carmen, eres muy guapa —dice Mike riéndose.

Ésta enrojece y se calla. El representante aprovecha la ocasión para rogar a todo el mundo:

—Vamos, vamos. ¡Los fotógrafos esperan!

Los músicos pasan los primeros a otra sala donde hay un montón de gente, periodistas, fotógrafos, técnicos, empleados del hotel y también tres mujeres y un hombre que comienzan rápidamente a maquillar al grupo.

Mientras que la jovencita se deja hacer, Damián admira su calma y su paciencia y piensa que es formidable estar con ella en esta experiencia. Tiene la impresión de vivir en una película.

Durante la sesión de maquillaje, trata de ver lo que hacen los miembros del grupo, mirando de reojo o a través del espejo, pero, cada vez que trata de mover la cabeza, incluso ligeramente, dos manos se la colocan amable pero firmemente en la posición correcta, así que finalmente permanece quieto. Al cabo de un cierto tiempo, empieza a sentir un hormigueo* en todo su cuerpo, tiene la impresión de estar muy cansado al quedarse tanto tiempo en la misma posición.

—Es verdad que ser célebre tiene también inconvenientes. ¡Qué insoportable es esto del maquillaje!

—¡Qué bien Damián, estás muy guapo!

En el espejo, Marga sonríe, con un gran vaso de *Magic Cola* en la mano.

—Ten, un premio a tu paciencia. Bebe rápido, hay que ir ahora al vestíbulo principal, los fotógrafos nos esperan y Carmen también.

—Gracias, Marga, me estaba aburriendo.

—Me lo imaginaba, ¡vamos!, los demás vienen detrás.

Viéndolos acercarse, un montón de periodistas se precipita hablando todos a la vez lo que les hace retroceder asombrados y tímidos. Les hablan, tratan de ponerles un micro bajo la nariz, se empujan unos a otros, abriéndose paso a codazos*. Marga hace todo lo que puede para protegerlos, y recibe también una parte de los golpes. Finalmente, todo el mundo está colocado y Damián y Carmen van a comenzar la primera entrevista de su vida.

—¡Marga, habrías debido prevenirme! ¡No sabía que iba a pasar esto! —murmura Damián, todo colorado.

—Yo no lo sabía tampoco, esto no estaba previsto; creo que los periodistas lo decidieron viéndoos entrar.

—Está bien, dice Carmen, todo va a salir bien, ya verás.

—Bueno, vale, estoy listo.

Marga permanece a su izquierda y a su derecha, el manager impasible tras sus gafas negras. Damián se pregunta si las usa también para dormir.

El primer periodista hace una pregunta.

—¿Cómo ganastéis el premio?

—¡Envié un buen número de etiquetas, treinta o cuarenta, creo, y aquí estoy! —dice ella, con una sonrisa.

—Bueno, yo... —balbucea Damián—, o sea, eh eh eh, en realidad, envié sólo dos. ¡Tuve mucha suerte ¿no? ! Uno de mis amigos envió un centenar por lo menos y nada. ¡Y yo, yo, estoy aquí!

—¡Muy bien! ¡Continuad así! —les dice Marga bajito.

—¿Habíais pensado conocer personalmente a los *Midnight Boys*?

—Todos tenemos sueños, ¿sabes qué es un sueño?. Pero, esta vez el sueño se hizo realidad —comienza Damián.

Marga le dice a la oreja:

—¡Gracias a *Magic Cola*!

Y Damián encadena:

—¡Una realidad fantástica gracias a *Magic Cola*!

—Una bebida refrescante y que da a los jóvenes lo que les gusta —añade la chica con malicia.

—¿Os gustaría ser artistas, miembros de un grupo pop?

—Por supuesto, sería molón*, digo, claro que sí, pero...

Los periodistas les dejan con la palabra en la boca, porque el grupo acaba de aparecer.

—¡Qué mal educados! —se queja Carmen.

—¡Déjalos! ¡Son así! —le dice Marga—. Lo hicisteis muy bien; los patrocinadores estarán muy contentos con lo que habéis dicho de *Magic Cola*. Habéis respondido como verdaderos profesionales, ¡felicidades!

Ambos jóvenes se miran sonriendo con un guiño cómplice. Se sienten más tranquilos, aunque piensan que sus respuestas no eran nada del otro mundo. Echan un vistazo alrededor de ellos y se sienten un poco aislados del tumulto, protegidos por su juventud y por el sentimiento de estar muy juntos, de comprenderse casi sin hablar. Damián se da cuenta que Carmen le gusta más que su vecina Susana. De repente, como los periodistas han acabado sus preguntas, el gerente los mira y se dirige a ellos en inglés con gestos exagerados para darse a entender.

—*Hey, you two, come with the team for some photos!*

Damián piensa que no es tan difícil el inglés a pesar del acento americano. Y coge de la mano a Carmen para ir hacia el grupo que está al lado de las escaleras. Al llegar, el hombre que parece dirigir las operaciones les dice:

—¡Eh! ¡Jovencitos! Necesito algunas tomas con el grupo. Primero con los dos, luego con la chica y el chico por separado. Tú, chico, relájate un poco, estás tenso como un arco*, respira profundamente, míranos y sonríe.

Damián no sabe dónde meterse, siente que todo el mundo lo mira con una sonrisa de guasa*. Afortunadamente, la chica le hace una seña con la

El premio

Joaquín Díaz-Corralejo Conde

barbilla para que mire hacia los miembros del grupo. Éstos se mueven todo el tiempo cambiando el sitio, miran a los fotógrafos y sonríen como si fueran sus mejores amigos.

—Voy a hacer lo mismo —piensa Damián—, ¡Si no, van a pensar que soy un poco tonto!

El teatro comienza: los ponen al final de la escalera, junto a una mesa, al lado de la ventana, al lado del piano, cerca del bar, con el grupo, sin el grupo, con Mike, con John, con Redtip, sentados, de pie. Damián siente que se aburre mortalmente, cuando se da cuenta de que una necesidad urgente* se hace cada vez más urgente. Trata de prevenir a Marga, para que le diga donde están los aseos, pero no la ve. Carmen está con Mike posando para la enésima foto. Sabe que no podrá resistir mucho más tiempo, cuando Mike suelta un taco* y se va corriendo, dejando a la joven y a los fotógrafos perplejos; se eclipsa discretamente. Mientras, el representante habla con los chicos de la prensa para explicarles algo y el resto del grupo se sienta. A su vuelta, es acogido fríamente por el gerente que le dice en su español raro:

—*¿Crees que somos allí para esperar a señor? ¡Ser sólo un niño y no ser la star!*

Damián no entiende nada, ha salido cinco minutos y aparentemente ¡es el desastre! No prestan atención a sus explicaciones, retocan su maquillaje y el circo empieza de nuevo.

—¡Levanta la cabeza! ¡Pon el brazo derecho aquí! ¡Mira aquí! ¡No, más abajo! ¡No, más a la derecha! ¡Ahora a la izquierda!

Comienza a estar hasta las narices* de todo, pero debe aguantar cueste lo que cueste, porque Carmen lo mira de cuando en cuando y ve que está muy cansada también.

Afortunadamente, la sesión acaba y Marga les anuncia que es la hora del almuerzo. Mira su reloj y observa que son las doce y media, van a comer a la hora europea. La jovencita comenta que se muere de hambre y piensa que es verdad, con todo lo sucedido, y acostumbrado a tomar un bocadillo a las once y media, tiene un agujero en el estómago.

Bajan al restaurante donde hay una mesa preparada para veinte personas. Marga les dice que se sienten en los sitios reservados para ellos y tienen la sorpresa de que están justo al lado de los tres artistas. La intérprete se va prometiendo volverlos a ver después de la comida.

Poco a poco la mesa se llena. Las personas llegan en pequeños grupos de dos o tres personas. Luego, los músicos llegan y después de algunas frases corteses, para saber si están bien y si tienen hambre, se sientan y les piden que les traduzcan la carta. Carmen trata de traducir y Damián se agita inquieto en su silla pensando cómo decir en inglés "tortilla" o "chorizo", pero otras personas solicitan la atención de los artistas y éstos parecen olvidarles, lo que alivia a los jóvenes, pero les frustra un poco también.

—¿Qué tal Carmen? —dice Damián—. ¿Te gusta el menú?

—¡Bueno! Es una mezcla de ensaladas, ahumados[1], quesos, fritos[2], jamón, chorizo[3], tortilla[4], morcilla[5]. Ahora traen calamares y croquetas. No está mal.

—Me parece que es mucha comida. ¡Mira! ¡Otro misterio! ¡Mira discretamente a la derecha!

Observan con asombro que Mike casi no come nada, solamente algo de ensalada y un poco de pescado, bebe agua y no *Magic Cola* como todo el mundo.

—¿Y antes, salió corriendo, te acuerdas?

—Sí, tengo la impresión de que pasa algo raro.

El resto de la comida transcurre sin más incidentes.

---

1. Aquí, pescado ahumado.
2. Pescados, calamares fritos en aceite de oliva.
3. Cilindro de tripa de cerdo de seis o siete centímetros de grueso relleno de carne de cerdo, sal y pimentón.
4. Torta de patatas fritas con huevo.
5. Cilindro de tripa de cerdo de seis o siete centímetros de grueso relleno de sangre de cerdo mezclada con cebolla y especias.

Actividades de comprensión lectora
Capítulo 2

1. **Contesta las preguntas.**

a. ¿Cómo se viste Damián para ir a la cita?

b. ¿Por qué está nervioso?

c. ¿Cuáles son los otros personajes que se encuentra a su llegada?

d. ¿Cuál es el programa del día?

e. ¿Por qué Damián y Carmen piensan que está pasando algo raro?

2. **Pon en orden las frases y los acontecimientos. No olvides la puntuación.**

a. una joven / saluda a Damián / que es la intérprete

b. a Mike Flunch / tiene delante / en persona

c. y le da la bienvenida / abre la puerta / un hombre

d. le tiende la mano / una joven / resueltamente

e. otros miembros del grupo / se encuentran / John y Redtip

f. incomprensible / un hombre / en un español / saluda a Damián

3. **Letras a granel. Pon las palabras de este capítulo en orden.**

a. LEGRIOP: _____   d. APUGA: _____

b. ALQAMULRI: _____   e. JORENEREC: _____

c. TESGOS: _____   f. CORCUNOS: _____

Todo se complica

Después de la comida, les dicen que suban a ver sus habitaciones en el tercer piso, que tomen un refresco y que se preparen para la tarde. Suben en ascensor y siguen el pasillo de la izquierda. Carmen está en la 305 y Damián en la 304, justo en frente.

—¡Encontré bombones en la mesa!

—¡Y yo, caramelos y una rosa roja!

—¿Viste todo lo que hay en la canastilla del cuarto de baño?

—No, encontré una caja de caudales.

—¿Quieres agujas e hilo?

—¿Y la tele? ¡ Hay un montón de cadenas*!

De repente, la voz del gerente los devuelve la realidad.

—*¿Entonces, chicos, estar listos? Tenemos nosotros que dar el paseo.*

Le dicen que espere cinco minutos y le siguen al segundo piso. Al entrar, los tres artistas se han cambiado.

—¡Vaya —dice Carmen—, qué cambio! ¡No parecen los mismos que para las fotos o en la comida! Qué pesado debe ser, ¿no?

—¡Sí, un mazo*! Pero, me gustaría tener su guardarropa*, a pesar de todo.

En ese instante, Marga aparece sonriendo.

—*Come on, everybody, Madrid is waiting for you!* ¡Vamos, Carmen, Damián, el coche espera abajo!

—¡Formidable! ¡Estábamos cansados de estar encerrados aquí!

Mientras que todo el mundo se dirige a la salida, Carmen aprieta el brazo de Damián. Ven, en el espejo, el reflejo de Mike, en el cuarto de baño, que está inyectándose algo en el antebrazo.

—¿Crees que se droga?

—No sé, pero lo sabremos rápidamente, si se droga le hará falta una nueva dosis y estaremos atentos.

—¡De acuerdo, vamos, si no va a darse cuenta!

A la puerta del hotel, se encuentra la limusina más grande que Damián ha visto en su vida. Un momento después, ruedan escoltados* por cuatro motoristas de la policía. De vez en cuando, Damián mira de reojo a Mike, pero no percibe nada anormal. Está contento, charla con los demás y parece lúcido.

Es un gran rubio con los ojos risueños y soñadores. Tiene el aspecto de un pilluelo* que creció antes de la edad. Da la sensación de ser un hombre sincero e ingenuo que guardó la sonrisa traviesa de su infancia.

Damián mira la calle, pasan junto al museo Reina Sofía, dan la vuelta a la fuente de la plaza del Emperador Carlos V, popularmente Atocha, ruedan delante del museo del Prado, en una plaza, detrás de la estatua de Neptuno, se percibe el museo Thyssen-Bornemisza. Marga señala los monumentos, y cita *El Guernica* de Picasso, sin olvidar las colecciones famosas del Greco, de Velázquez, de Zurbarán, de Goya.

—¿Marga, no nos paramos?

—¿Estás loco? ¿No te diste cuenta del número creciente de jóvenes que se acerca cada vez que nos paramos en un semáforo? Si salimos del coche, puede ser terrible. Todo el mundo sabe que los *Midnight Boys* están en Madrid, miles de fans han venido de toda España para el gran concierto de mañana. A propósito, inmediatamente después de esta

visita de la capital, vamos a un restaurante donde las cadenas de televisión nos esperan.

—¡La tele! —exclama Carmen—, creía que con los periodistas se había acabado.

1. **Contesta las preguntas.**

a. ¿Que hacen después de la comida?

_____

b. ¿Observaron algo anormal?

_____

c. ¿Cuál es el aspecto de Mike durante el paseo?

_____

2. **He aquí los objetos encontrados en las habitaciones. ¿Para qué sirven? Asocia el objeto a la frase que le corresponde.**

a. chocolates   para peinarse
b. una rosa roja   para satisfacer a los golosos
c. un peine   para objetos valiosos
d. una caja de caudales   para tener información
e. agujas e hilos   para ofrecer como obsequio
f. la televisión   para coser un botón

3. **Busca en el texto palabras sinónimas de las siguientes palabras :**

a. admirador : _____

b. preparado: _____

c. inocente: _____

d. terminado: _____

Capítulo En el restaurante

El restaurante está a algunos kilómetros de Madrid, aislado, en medio del campo. La vista es magnífica: las montañas todavía nevadas muy cerca, la gran ciudad al fondo y los bosques de robles y de encinas[1] junto al restaurante. El aire huele a jara y romero[2].

Se escogió ese lugar debido a su alejamiento, como oasis de calma antes del concierto. La organización "cerró" el restaurante. En el centro del salón, hay cuatro mesas redondas. Les dicen que se sienten en la mesa del grupo.

Damián al principio está un poco nervioso, tiene miedo de tirar algo o de equivocarse, pero poco a poco se calma y puede intervenir en la conversación. John cuenta que dentro del grupo se sienten como hermanos a fuerza de trabajar juntos, de ir de gira* juntos, y sobre todo de haber aprendido a soportarse.

—¿Por qué vinieron a España?

—Porque tenemos aquí muchos admiradores. Y también porque el español es la primera lengua, después del inglés, que utilizamos para nuestras canciones; me gusta, además, porque tengo sangre española en mis venas.

John es un joven moreno, con ojos avellana, cabellos cortados a cepillo, una sonrisa un tanto irónica y un zarcillo* de oro en la oreja. Se le aprecia una gran fuerza interior y una confianza a toda prueba.

---

1. Arboles típicos de la provincia de Madrid.
2. Arbustos característicos del campo alrededor de Madrid.

—¡Qué sorpresa! Entonces usted es español.

—No —dice riéndose—, hispano, mi madre es dominicana.

—Y yo —dice Redtip—, estudio español desde hace dos años, es una lengua hermosa y muy útil.

Redtip es un chico alto, pelirrojo y con rizos. Tiene los ojos negros y la cara bastante colorada, al parecer por su ascendencia irlandesa. Damián y Carmen están muy contentos, los artistas tienen una visión del mundo muy interesante. Comprenden ahora por qué las canciones del grupo tratan de hacer reflexionar, de hacer pensar, de mostrar las dificultades de los jóvenes para abrirse camino en el mundo.

—Pensamos hacer más tarde canciones en otras lenguas —continuó a Redtip—. Damos una gran importancia a la armonización de nuestras voces y a la melodía. Pero, es sobre todo la letra* la que merece toda nuestra atención y nuestra sensibilidad.

Charlando, el tiempo pasa muy rápidamente y cuando la cena se acaba, es muy tarde. Llegan al hotel a las dos de la madrugada.

Actividades de comprensión lectora
Capítulo 4

1. **Contesta las preguntas.**

a. ¿Dónde está situado el restaurante, y por qué motivo?

_____

b. ¿Qué descubren nuestros amigos sobre el grupo?

_____

2. **Asocia cada personaje a sus características.**

a. John

b. Redtip

- alto
- moreno
- ojos negros
- cabellos cortados a cepillo
- ojos de color avellana
- pelirrojo

3. **El collar. Separa las palabras para hacer frases. Restablece también la puntuación**

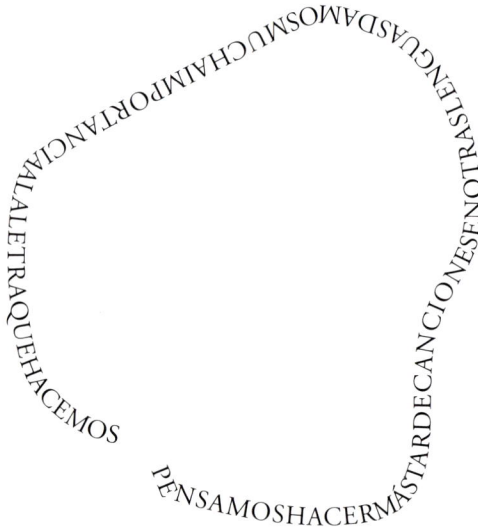

PENSAMOSHACERMÁSTARDECANCIONESENOTRASLENGUASDAMOSMUCHAIMPORTANCIAALALETRAQUEHACEMOS

Una noche en el hotel   Capítulo 5

Cuando suben a sus habitaciones, dan las buenas noches. En la habitación, Damián, aunque está cansado, no puede dormir. Enciende la tele, la mira un poco. Luego la apaga. Muerto de sed, abre el minibar, pero sólo hay una botella de agua muy pequeña, que le deja con ganas de más y decide ir a por otra botella.

Abre la puerta. El pasillo está iluminado solamente por luces de emergencia azules. En ese momento, percibe luz bajo la puerta de Carmen, y llama discretamente. La voz de Carmen dice bajito:

—¿Quién es?

—Soy yo, Damián.

Cuando abre, ve que está todavía vestida.

—¿Tampoco tienes sueño? —cuchichea.

—¿No, qué pasa?

Damián no tiene tiempo de responder, oyen una puerta que se abre. Carmen apaga rápidamente y se quedan en silencio. Al fondo del pasillo, ven a John que, después de haber mirado a derecha y a izquierda, cierra su puerta y se dirige hacia las escaleras.

—¿Adónde va? ¿También tiene sed?

—No sé, sigámoslo.

Lo siguen, despacio, sin ser oídos gracias a la moqueta, hasta el quinto piso, y no saben qué pensar de este paseo nocturno.

John llega delante de una puerta donde llama de una manera particular. Abre una joven que se adelanta y besa al cantante. En ese momento, Damián no puede retener un estornudo*.

—¿Quién está ahí? ¡Ah! ¡Sois vosotros! ¡Me habéis asustado! ¿Os creéis que está bien espiar así? —dice enfurecido.

—¡John! —murmura la joven. ¡Entrad todos! ¡Vamos a despertar a todo el mundo!

Al entrar, ven claramente a la joven. Es rubia con grandes ojos risueños y un poco temerosos. Parece muy joven. Les avisa para que hablen bajito mostrándoles, en un rincón del cuarto, una cuna donde un bebé duerme. Luego, pone una mano sobre el brazo de John que acaba por sonreír.

—Bueno, habéis descubierto mi secreto. Os ruego que no digáis nada, porque, si mis fans se enteran de que estoy casado, nuestra popularidad se hundiría y todo nuestro trabajo habría sido inútil.

—¡No tengas miedo! ¡No diremos nada! —dice Damián.

—¿Pero, por qué esconderlo? ¡No está prohibido casarse! —argumenta Carmen.

—Tienes razón, es verdad para un público de adultos, pero no para el de los adolescentes, pensarían que somos de otra generación.

—¡Tranquilos! Os prometemos que guardaremos el secreto!

—Gracias —dice la esposa de John—. Sabéis, es terrible llevar esta vida de angustia, de separación. En las giras, durante el día, no podemos vernos. Durante la noche, solamente algunos instantes. Debemos pasar nuestras vacaciones bajo un nombre falso y en lugares impensables por miedo a ser reconocidos.

—¡Vale! Brigitte, un poco de paciencia, sabes que esto acabará pronto, la celebridad dura poco.

—¿Cómo se conocieron?

—Durante nuestra última gira en París, hace dos años. Brigitte era la intérprete que nos acompañaba.

—Entonces, eres francesa.

—Sí, pero mi abuelo era alemán y mi abuela española.

—¡Veis! Es como yo; hoy, podemos decir que somos ciudadanos del mundo. Nosotros, que viajamos mucho, tenemos la impresión de que ya no hay más fronteras que las económicas y que todos, gracias sobre todo a la música, jóvenes y viejos, pertenecemos a un solo país: la tierra.

La conversación habría seguido, pero Brigitte les recuerda que tienen que estar bien despiertos al día siguiente.

1. **Contesta las preguntas.**

a. ¿Por qué Damián decide salir de su habitación?

_____

b. ¿ A quién siguen?

_____

c. ¿ Qué descubren?

_____

2. **Verdadero o falso.**

V F

☐ ☐ a. La cena fue ligera y no tiene sed.

☐ ☐ b. Damián está muy nervioso y Carmen también.

☐ ☐ c. Damián llama dos veces a la puerte de Carmen.

☐ ☐ d. Carmen abre la puerta en bata.

☐ ☐ e. Los dos jovenes son descubiertos por John.

☐ ☐ f. Si sus fans supieran el secreto de John, pensarían que es más mayor.

☐ ☐ g. La mujer de John es morena.

3. **Completa con _b_ o con _v_**

a. ¿En qué sitio tra_ajas?

b. Le ruego que me lle_e al concierto.

c. No podemos _ernos durante los conciertos.

d. Eso es impensa_le.

e. Dentro de poco serás una cele_ridad.

f. Esta música no es para _iejos.

Capítulo 6 **El ensayo**

El teléfono despierta a Damián que tiene la impresión de acabar de acostarse.

—¡¿Diga?!

—¡Buenos días, Damián! Marga al aparato. Cita a las diez y media en la cafetería para el desayuno. Hoy la mañana está muy cargada y hay poco tiempo. ¿De acuerdo?

—¡Vale! Bajo en seguida.

Cuando llega se sienta al lado de Carmen.

—¿Qué tal? ¿Has dormido bien?

—Sí, pero no bastante. ¿Y tú?

—También. ¿Sabes qué hacemos esta mañana?

—Marga me dijo que todos íbamos al Palacio de Deportes[1] para el último ensayo antes del concierto, luego de vuelta al restaurante para el almuerzo, después visitamos de nuevo la ciudad y finalmente el concierto.

—El programa me parece bastante fastidioso, salvo el concierto. Creía que íbamos a hacer otras cosas más divertidas.

—¡Qué quieres! Hay que plegarse* a las necesidades de los músicos.

---

1. Gran edificio en el centro de Madrid, para el deporte y para espectáculos variados.

●●● 34

Con la boca llena, Damián piensa que el primer día ha estado tan cargado de acontecimientos y sorpresas que el resto le parece anodino.

Acabado el desayuno, van al Palacio de Deportes.

En el interior, hay técnicos y obreros que corren en todas direcciones. En el escenario, hay micros, guitarras, sintetizadores, mesas de mezclas y torres de altavoces. Es bastante grande. El grupo verifica los instrumentos, las tomas* y los amplificadores; al mismo tiempo, deciden el sitio y la evolución de cada uno para cada canción. Por fin, comienzan a ensayar las partes más difíciles.

Para Carmen y Damián, es bastante aburrido. Es muy diferente escuchar tu canción preferida muchas veces, que escuchar mil veces pequeños extractos. Afortunadamente, todo tiene un fin y van a comer. Después, de nuevo a la limusina, dan una vuelta por la ciudad siguiendo los grandes ejes con el fin de conocer los barrios más importantes. Finalmente, regresan al Palacio para el concierto.

1. **Contesta las preguntas.**

a. ¿Por qué Damián y Carmen encuentran el ensayo aburrido?

_____

b. ¿Que hacen después del ensayo?

_____

2. **Pon en tres grupos las palabras que tengan relación con el ensayo, luego haz por lo menos tres frases con ellas.**

Adjetivos	Substantivos	Verbos
_____	_____	_____
_____	_____	_____
_____	_____	_____
_____	_____	_____
_____	_____	_____

Frases :

a. _____

b. _____

c. _____

El concierto Capítulo

Cuanto más se acercan al Palacio, más gente hay. Pronto, ven un cordón de agentes* que tratan de contener a los jóvenes que gritan y luchan para estar en la primera fila.

El automóvil se para y descienden frente a una de las puertas donde hay una alfombra verde. Los músicos bajan los primeros y en seguida el personal de seguridad hace una muralla infranqueable sin darse cuenta de que Carmen y Damián se quedan fuera.

Sólo tienen tiempo de cogerse de la mano y son empujados, zarandeados*, pegados, golpeados por jóvenes enloquecidos que quieren atravesar la barrera. Carmen casi se cae, pero Damián la sujeta y, llevados por la muchedumbre, se encuentran pronto muy lejos de la puerta, apretados contra una pared y casi asfixiados.

—¡Damián, hay que entrar!

—¿Sí, pero cómo pasar con toda esta gente?

—¡Ven! Vamos a intentarlo.

Tratan de colarse* entre los grupos, hasta que, como el espectáculo está ya en el interior, los espectadores van hacia otras entradas y dejan libre la entrada de artistas.

Al cabo de algunos intentos, acaban por llamar la atención de uno de ellos.

—¡Sí!

—Escuche señor, deberíamos estar con los *Midnight Boys*, pero nosotros…

—¡Oh! ¡Oh! Yo también, pero tengo que trabajar. ¡Venga! ¡Váyanse rápidamente!

—¡No, no! ¡Espere!

Insisten y otro que parece más amable se acerca.

—Escuche, acompañábamos a los *Midnight Boys* al llegar y nos separaron, entonces querríamos…

—¡Por supuesto! Queréis entrar porque sois de la familia y es vuestra fiesta de cumpleaños —dice riéndose.

—No, no, no queremos entrar, queremos que avisen…

—No insistas, si queréis ver el concierto, tenéis que encontrar argumentos más inteligentes. ¡Adiós!

No saben qué responder y se quedan allí desconcertados. Se extrañan también de que nadie se haya dado cuenta de su ausencia.

De repente, ven salir a Marga y al representante. Ella tiene la cara muy colorada y él, parece bastante enfadado. Ambos adolescentes levantan los brazos y hacen gestos para llamar la atención. Al verlos, Marga sonríe, suspira, y se los señala al manager.

—¿Pero qué ha pasado?

—¡Fue terrible, nos echaron y no querían dejarnos entrar!

Después de algunas explicaciones y las excusas de los de seguridad, pasan al interior. Y llegan a los camerinos de los artistas. Éstos los miran riéndose burlonamente; además Redtip dice algo que hace reír a todo el mundo.

—¿Qué ha dicho, Carmen?

—Que queríamos estar juntos —dice mirándole sonriente.

Damián siente que su corazón se desboca y finge mirar cómo los músicos se visten para el concierto. John con su mono* blanco y su guante rojo en la mano derecha. Redtip con unos vaqueros negros y una camiseta blanca, con un dragón dorado sobre el pecho, y la gorra negra de Nueva York. El más guapo es Mike, abotonado el cuello de su camisa rosa bordada con lentejuelas* de plata, con un chaleco de cuero negro decorado con pins. Los pantalones son de un azul descolorido y lleva un guante color naranja en la mano izquierda.

Los músicos se dan las últimas consignas antes del concierto. Damián observa que el gerente lleva a Mike en una esquina para decirle algo. Carmen está muy cerca de ellos, detrás de un biombo charlando con Marga.

Luego la joven se acerca.

—¿Sabes? ¡Tengo la clave del misterio de Mike!

—¿Sí?

—Sí, es diabético.

—¡Oh! Entonces, las jeringas…

—¡Era insulina!

—Y nosotros que pensamos en seguida en la droga ¡Qué tontos somos!

Marga les dice que la sigan, porque van a asistir al concierto en un lugar especial: en el escenario.

—¡Pero van a vernos!

—¡Por supuesto! En todo caso, estaréis un poco aparte, lo que os permitirá retiraros al fondo, o salir del escenario y sentaros cuando estéis cansados de bailar.

—¡Bailar! ¿Delante de todo el mundo?

—¡Por qué no! El público mirará sobre todo a los *Midnight Boys*, vosotros más bien formaréis parte del decorado. ¿A lo mejor no os gusta bailar?

—Si, si —responde Carmen. —Va a ser fantástico.

Salen al escenario. Parece que hay aún más cosas que por la mañana. Es verdad que van a pasar casi inadvertidos. Damián suspira, un poco más tranquilo, pero Marga les dice:

—Prestad atención a las cámaras porque probablemente, en ciertos momentos, os enfocarán a vosotros.

Carmen mira a Damián y éste se da cuenta que la chica piensa como él: bailar está bien, pero estar siempre bajo tensión porque las cámaras van a enviar tu imagen a todo el país, era demasiado.

Desde arriba Damián ve un mar de cabezas, que gritan, se ríen y se mueven. Busca a sus amigos, pero no ve a nadie conocido. Cuando el público ya comienza a impacientarse, la música suena y los *Midnight Boys* surgen en el centro de la escena bajo los focos de los proyectores.

—Míralos, ya no son los mismos, se convierten en seres fabulosos. Sin embargo, probablemente, cualquiera vestido de manera parecida y sabiendo cantar sería como ellos.

El concierto dura mucho. Dejan de bailar cada vez más a menudo. Incluso Damián comienza a bostezar y Carmen tiene que darle codazos para recordarle que la tele y los fotógrafos están por allí en alguna parte.

Afortunadamente, el concierto acaba, después de las propinas* de las canciones más conocidas. Entonces, los hacen pasar al centro del escenario junto al grupo que está cansado, pero muy contento, para hacer aún más fotos y para saludar al público una vez más. Luego, los focos se apagan, el silencio se instala y vuelven a los camerinos. Allí, todo pasa muy rápido, la despedida de los músicos y del representante, los abrazos, las últimas fotos. Mike los abraza y los besa en las mejillas, Redtip les estrecha la mano muy serio y John los abraza con un gracias apenas murmurado y un guiño cómplice. Marga los besa también y promete telefonearlos para ver juntos las fotos y las maquetas de los DVD.

En el aparcamiento donde sus padres esperan y mientras saludan a los de Carmen:

—¡Bueno, se acabó!

—¡Sí, qué bien, estoy cansadísima!

—¡Y mañana al instituto!

—¡No me lo recuerdes! ¡Y falta sólo un mes para los exámenes!

—Es verdad. Oye…

No tiene tiempo de acabar, los padres les llaman y hay que separarse.

Mientras que el coche rueda, Damián piensa que los *Midnight Boys* son mucho más interesantes como individuos; su trabajo y el impacto de éste sobre los jóvenes, sus conciertos para luchar contra el cáncer o el sida, o para dar dinero a los hospitales de niños abandonados o minusválidos, sus campañas por los hambrientos del mundo entero, eso es lo que es importante. Piensa también que él, puede comenzar a hacer cosas semejantes en una organización no gubernamental como voluntario.

Se pregunta si Carmen querrá trabajar con él, pero no sabe si van a volver a verse, no sabe ni siquiera su teléfono, no tuvo tiempo de pedírselo, tendrá que esperar a que Marga les llame. Automáticamente, mete las manos en los bolsillos de su chaqueta y...

—¿Este papel...? ¡Es Carmen que me cita para mañana por la tarde! ¡Bien! —grita ante la mirada perpleja de sus padres.

1. **Contesta las preguntas.**

a. ¿Por qué son separados de los músicos?

_____

b. ¿Por qué los de seguridad no los dejan entrar?

_____

c. ¿Qué hacen en el escenario?

_____

¿Qué tipo de personas son los *Midnight Boys*?

_____

2. **Asocia las sílabas de la columna de la izquierda a las de la derecha para formar palabras.**

a. con	1. larse
b. zaran	2. gente
c. muche	3. fusión
d. co	4. deado
e. inteli	5. dumbre
f. adoles	6. cente

Léxico

Archivador: carpeta para guardar hojas.

Cadena: emisora de radio, canal de televisión.

Chillar: gritar fuertemente.

Chispeante: muy brillante.

Codazo: aquí, golpe suave con el codo para llamar la atención.

Colarse: pasar en algún sitio en el que hay cola sin hacerla.

Cordón de agentes: fila de policías.

Desconcertado: sorprendido.

Escoltado: protegido.

Estar hasta las narices: estar cansado, harto.

Estornudo: expulsión violenta de aire por la nariz.

Francamente: sinceramente.

Frescos: pintura en paredes y techos.

Gira: serie de actuaciones de los artistas.

Guardaespaldas: personal de protección.

Guardarropa: aquí, los trajes de los artistas.

Hora punta: hora en que todos van a trabajar.

Hormigueo: picor desagradable.

Impedimento: obstáculo.

Incongruente: sin sentido.

Latir locamente: palpitar aceleredamente.

Lentejuelas: pequeños discos brillantes de un centímetro de diámetro que se usan para adornar.

Letra: texto de una canción.

Mazo: aquí, *muy pesado*.

Molón (sería): me gustaría mucho.

Mono: traje de una pieza, empleado, normalmente, para trabajar.

Necesidad urgente: aquí, ganas de ir al baño.

Nudo en el estómago: sensación de angustia.

Pilluelo: persona traviesa.

Plegarse: aquí, *ceder*.

Propinas: aquí, *canciones fuera del programa*.

Sonrisa de guasa: sonrisa irónica.

Taco: palabrota.

Tenso como un arco: aquí, *muy nervioso*.

Tomas: aquí, *planos que pueden tomar las distintas cámaras de televisión*.

Zarandeado: movido de un lado para otro.

Zarcillo: aquí, pendiente.

Soluciones

Capítulo 1

1. **a.** Porque ha ganado el concurso. **b.** Un grupo de música pop.
2. **a.** su físico: ojos negros, alto, cabellos cortos a cepillo. Su carácter: sensible y tímido. **b.** Por Susana, su vecina.

Capítulo 2

1. **a.** Zapatillas, vaquero y camiseta. **b.** Cree que todo el mundo le mira. **c.** El manager, Carmen, Marga. **d.** Paseo por la ciudad y ver los museos por fuera. **e.** Porque Mike se va corriendo durante la sesión de fotos y luego no come casi nada.
2. **a.** Una joven, que es la intérprete, saluda a Damián. **b.** Tiene delante a Mike Flunch en persona. **c.** Un hombre abre la puerta y le da la bienvenida. **d.** Una joven le tiende la mano resueltamente. **e.** Se encuentran otros miembros del grupo: John y Redtip. **f.** Un hombre, en un español incomprensible, saluda a Damián.
3. **a.** peligro **b.** maquillar **c.** gestos **d.** guapa **e.** enrojecer **f.** concurso.

Capítulo 3

1. **a.** Subir a las habitaciones, tomar un refresco y pasear en coche por el centro de Madrid. **b.** Que Mike se inyecta algo en el antebrazo. **c.** Está contento, charla y parece lúcido.
2. **a.** para satisfacer a los golosos **b.** para ofrece como obsequio **c.** para peinarse **d.** para objetos valiosos **e.** para coser un botón **f.** para tener información.
3. **a.** fan **b.** listo **c.** ingenuo **d.** acabado

Capítulo 4

1. **a.** Fuera de la ciudad, en medio del campo. Para descansar y relajarse antes del concierto. **b.** Que John es latino y que el grupo quiere cantar en otras lenguas.
2. **a.** John: moreno, ojos de color avellana, cabellos cortados a cepillo. **b.** Redtip: alto, ojos negros, pelirrojo.
3. **a.** Pensamos hacer, más tarde, canciones en otras leguas. Damos mucha importancia a la letra que hacemos.

Capítulo 5

1. **a.** Porque tiene sed. **b.** A John. **c.** Que está casado.
2. **a.** F – **b.** F – **c.** F – **d.** F – **e.** V– **f.** V – **g.** F
3. **a.** trabajas **b.** lleve **c.** vernos **d.** impensable **e.** celebridad **f.** viejos

Capítulo 6

1. **a.** Porque repiten muchas veces lo mismo. **b.** Van a comer y a dar otra vuelta por Madrid.
2. Adjetivos: difícil, aburrido, preferida, diferente. Substantivos: músicos, técnicos, obreros, micros, guitarras, altavoces. Verbos: correr, verificar, decidir, comenzar, ensayar.

   Ejemplo de frases: **a.** Los músicos ensayan su canción preferida. **b.** Los técnicos verifican cada guitarra. **c.** Los obreros corren por todas partes.

Capítulo 7

1. **a.** Porque los de seguridad los dejan fuera del grupo. **b.** Porque no les creen. **c.** Bailar. **d.** Unas personas preocupadas por los problemas sociales del mundo.
2. **a.** 3 – **b.** 4 – **c.** 5 – **d.** 1 – **e.** 2 – **f.** 6

Sumario

Sumario